寒窑赋

吕蒙正诗文传记集

新华出版社

图书在版编目（CIP）数据

寒窑赋：吕蒙正诗文传记集 /（北宋）吕蒙正著 .
北京：新华出版社，2025. 6.
ISBN 978-7-5166-8053-7

Ⅰ. K827=441；I214.412

中国国家版本馆 CIP 数据核字第 2025KU8250 号

寒窑赋：吕蒙正诗文传记集

作者：［北宋］吕蒙正

出版发行：新华出版社有限责任公司

（北京市石景山区京原路 8 号　邮编：100040）

印刷：天津睿和印艺科技有限公司

成品尺寸：145mm × 210mm　1/32　　**印张：**5.625　　**字数：**55 千字

版次：2025 年 7 月第 1 版　　**印次：**2025 年 7 月第 2 次印刷

书号：ISBN 978-7-5166-8053-7　　**定价：**78.00 元

序

如果要在中华文化长河里挑出一篇能直击人心但又饱受争议的传奇文章，《寒窑赋》绝对算一篇。它的作者吕蒙正自幼被父亲赶出家门，从寒窑苦读的穷书生成为站上权力巅峰的宰相，这种“逆袭”故事放在今天依然能让人热血沸腾。

这本书的意义就在于：它不仅让你读到一篇千古名文，还带你走进吕蒙正真实的人生。我们既能通过他的传记故事看到他困守洛城时“粗茶淡饭饱即休，补破遮寒暖即休”的豁达，也能通过他的诗词章句感受他金榜题名后“十年窗下无人问，一举成名天下知”的豪情。这种从泥泞中爬起、在云端仍清醒的智慧，正是我们今天最需要的精神力量。

为了让读者更全面地理解这位北宋名相，本书设计了五个板块：

原文＋译文：先读《寒窑赋》的原文，再看白话翻译，彻底扫清阅读障碍；

吕蒙正传记：通过正史窥见吕蒙正从寒门弃子到北宋宰相的传奇人生；

吕蒙正轶事掌故：那些正史没写的小细节，往往最能见性情；

吕蒙正诗词：通过这位北宋宰相遗留的诗词，窥见其思想情操，领略其内心情感；

来源考证、价值意义与其他版本：不同版本的《寒窑赋》放在一起对比，解读《寒窑赋》的价值意义。

我们为什么要读这本书？因为它能让我们在紧张的现代生活中，重新找到古人那种“板凳要坐十年冷”的定力。当你被生活逼到墙角时，读读吕蒙正的“时运不齐，命途多舛”；当你功成名就时，再看看他的“达则兼济天下”。希望每位读者都能从这本书中找到属于自己的答案——无论是面对困境的勇气，还是身处顺境的清醒。

目　录

CONTENTS

吕蒙正简介

吕蒙正（944—1011 年），字圣功，北宋初年宰相，三次登上相位，以清正廉洁、知人善任著称。他的一生充满了传奇色彩，从寒窑中的贫苦少年到朝廷重臣，经历了诸多波折与荣耀。

幼年贫困与发奋苦读

吕蒙正出身官宦之家，但幼年时因父亲吕龟图妻妾众多，与嫡妻刘氏不和，导致吕蒙正与母亲被逐出家门，生活困顿。他们只能住在寒窑之中，靠乞讨为生。然而，吕蒙正并未被困境所打败，他发奋读书，立志考取功名。最终，在太平兴国二年（977 年），吕蒙正考中进士第一名，授将作监丞、升州通判。

三起三落的宰相生涯

吕蒙正的仕途并非一帆风顺，他经历了三次拜相又三次罢相的波折：

第一次拜相：端拱元年（988年），吕蒙正被任命为中书侍郎兼户部尚书、同中书门下平章事，监修国史。他为人厚道宽容，有很高名望，以坚守正道自律。遇事敢出来讲话，每次讨论时政，有不公允的，一定坚持反对意见，皇帝赞许他能无所隐瞒。

第二次拜相：淳化四年（993年），李昉被罢免宰相，吕蒙正又任宰相。与宋太宗奏对时，谈到征伐之事，吕蒙正主张和平共处，停止战争，节省财用。

第三次拜相：咸平四年（1001年），吕蒙正第三次拜相，期间还曾授太子太师，封莱国公、徐国公、许国公。

辞官归隐与晚年生活

景德二年（1005 年），吕蒙正上表请求辞官回洛阳。他到朝廷告辞时，对宋真宗说："对远方的人要和平共处，停止战争，节省财用，是古往今来的治国上策，希望陛下经常替百姓着想。"宋真宗赞许并采纳他的意见。吕蒙正在洛阳的生活中，有园亭花木，每天与亲戚朋友欢宴，子孙环列，经常向他敬酒祝寿，怡然自得。

逝世与追赠

大中祥符四年（1011 年），吕蒙正逝世，终年六十八岁。他被追赠中书令，赐谥号为文穆。

吕蒙正的一生，从贫困中崛起，三次拜相，又三次罢相，最终归隐田园，享受天年。

《寒窑赋》原文

天有不测风云，人有旦夕祸福。蜈蚣百足，行不及蛇；雄鸡两翼，飞不过鸦。马有千里之程，无骑不能自往；人有冲天之志，非运不能自通。

盖闻：人生在世，富贵不能淫，贫贱不能移。文章盖世，孔子厄于陈邦；武略超群，太公钓于渭水。颜渊命短，殊非凶恶之徒；盗跖年长，岂是善良之辈。尧帝明圣，却生不肖之儿；瞽叟愚顽，反生大孝之子。张良原是布衣，萧何曾为县吏。晏子身无五尺，封作齐国宰相；孔明卧居草庐，能作蜀汉军师。楚霸虽雄，败于乌江自刎；汉王虽弱，竟有万里江山。李广有射虎之威，到老无封；冯唐有乘龙之才，一生不遇。韩信未遇之时，无一日三餐，及至遇行，腰悬三尺玉印，一旦时衰，死于阴人之手。有先贫而后富，有老壮而少衰。满腹文章，白发竟然不中；才疏学浅，少年及第登科。深院宫娥，运退反为妓妾；

风流妓女，时来配作夫人。青春美女，却招愚蠢之夫；俊秀郎君，反配粗丑之妇。蛟龙未遇，潜水于鱼鳖之间；君子失时，拱手于小人之下。衣服虽破，常存仪礼之容；面带忧愁，每抱怀安之量。时遭不遇，只宜安贫守份；心若不欺，必然扬眉吐气。初贫君子，天然骨骼生成；乍富小人，不脱贫寒肌体。

天不得时，日月无光；地不得时，草木不生；水不得时，风浪不平；人不得时，利运不通。注福注禄，命里已安排定，富贵谁不欲？人若不依根基八字，岂能为卿为相？吾昔寓居洛阳，朝求僧餐，暮宿破窑，思衣不可遮其体，思食不可济其饥，上人憎，下人厌，人道我贱，非我不弃也。今居朝堂，官至极品，位置三公，身虽鞠躬于一人之下，而列职于千万人之上，有挞百僚之杖，有斩鄙吝之剑，思衣而有罗锦千箱，思食而有珍馐百味，出则壮士执鞭，入则佳人捧觞，上人宠，下人拥。

人道我贵，非我之能也，此乃时也、运也、命也。

嗟呼！人生在世，富贵不可尽用，贫贱不可自欺，听由天地循环，周而复始焉。

◎ 人怀冲天凌云志，非运数难以自通

天有不测风云，人有旦夕祸福。蜈蚣百足，行不及蛇；雄鸡两翼，飞不过鸦。马有千里之程，无骑不能自往；人有冲天之志，非运不能自通。

翻译：

天空中会出现难以预测的风云变幻，人也会在短时间内遭遇突如其来的灾祸或不幸。蜈蚣虽然有众多的脚，但行走起来却不如蛇那样迅速；雄鸡虽然有两只翅膀，但飞起来却无法与乌鸦相比。马儿虽然有能力日行千里，但如果没有骑手，它也无法自行前往远方；人虽然有冲天的志向，但如果时机不成熟、运气不到，也无法实现自己的抱负。

重点字词注释：

1. 不测：难以预测、不可预料。

2. 旦夕：早晨和晚上，指短时间内，引申为突然、

意外。

3. 祸福：灾祸与福气，这里偏指灾祸。

4. 行不及：行走不如……快。

5. 飞不过：飞行能力不如……强。

6. 千里之程：日行千里的能力，形容马的潜能巨大。

7. 无骑：没有人骑。

8. 不能自往：无法自行前往远方。

9. 冲天之志：形容志向远大，有冲天的气势。

10. 非运：没有好的时机、运气。

11. 不能自通：无法自行实现、达成。

◎ 富贵不淫其心志，贫贱不改移其节

盖闻：人生在世，富贵不能淫，贫贱不能移。文章盖世，孔子厄于陈邦；武略超群，太公钓于渭水。颜渊命短，殊非凶恶之徒；盗跖年长，岂是善良之辈。

翻译：

听说：人活在世界上，处于富贵之中不能被奢侈所迷惑，处于贫贱之中不能改变自己的节操。孔子学问文章冠绝当世，但在陈国却遭遇困境；姜太公军事谋略超越众人，但在渭水垂钓时也未被重用。颜渊寿命短暂，却绝不是凶恶之徒；盗跖活到老年，难道就是善良之人吗？

重点字词注释：

1. 盖闻：听说，发语词，引出下文。

2. 淫：迷惑，使昏乱。

3. 移：改变，动摇。

4. 文章盖世：学问文章冠绝当世。

5. 厄：遭遇困境。

6. 陈邦：陈国。

7. 武略：军事谋略。

8. 渭水：水名，在今陕西省境内。

9. 颜渊：孔子的弟子，以德行著称，早逝。

10. 殊非：绝不是。

11. 凶恶之徒：凶恶的人。

12. 盗跖：春秋末期的大盗，传说活到老年。

13. 岂是：难道是。

典故解读：

1.“文章盖世，孔子厄于陈邦”：孔子是春秋时期的思想家、教育家，他的学说对后世影响深远。然而，他在周游列国传播自己的学说时，却在陈国遭遇困境，被陈国和蔡国的大夫围困，断粮七日。这个典故说明了即使有卓越的才能和学问，也可能因为时运不济而遭遇挫折。

2.“武略超群，太公钓于渭水”：姜太公，即姜尚，是周朝的开国功臣，以军事才能著称。他在未被周文王重用之前，曾在渭水垂钓，等待时机。这个典故比喻有才能的人在未被发现之前，可能会经历一段默默无闻的时期。

3.“颜渊命短，殊非凶恶之徒”：颜渊是孔子的弟子，以德行著称，但英年早逝。这个典故说明了命运的无常，好人未必有好报。

4.“盗跖年长，岂是善良之辈”：盗跖是春秋末期的大盗，传说中他活到老年。这个典故与颜渊命短形成对比，说明恶人可能长寿，而好人却可能早逝，进一步强调了命运的不公平。

◎ 世事无常多变幻，贵贱殊异各有途

尧帝明圣，却生不肖之儿；瞽叟愚顽，反生大孝之子。张良原是布衣，萧何曾为县吏。晏子身无五尺，封作齐国宰相；孔明卧居草庐，能作蜀汉军师。

翻译：

尧帝圣明，却生了不成器的儿子；瞽叟愚昧顽劣，反而生了大孝子舜。张良原本是平民百姓，萧何曾经只是小小的县吏。晏子身高不足五尺，却被封为齐国的宰相；诸葛亮隐居在草庐之中，却能成为蜀汉的军师。

重点字词注释：

1. 尧帝：传说中的上古圣明君主。

2. 明圣：圣明、贤明。

3. 不肖之儿：不成器的儿子。

4. 瞽叟：舜帝的父亲，传说中是个愚昧的人。

5. 愚顽：愚蠢而顽劣。

6. 大孝之子：极为孝顺的儿子，这里指舜。

7. 布衣：平民百姓，指没有官职的人。

8. 县吏：县里的小官吏。

9. 晏子：晏婴，春秋时期齐国的著名政治家。

10. 身无五尺：身高不足五尺，这里形容晏子身材矮小。

11. 封作：被封为。

12. 齐国宰相：齐国的最高行政长官。

13. 卧居草庐：隐居在草房中，形容隐居未出仕的状态。

14. 蜀汉军师：蜀汉政权的军事谋划者。

典故解读：

1. “尧帝明圣，却生不肖之儿”：尧帝是中国古代传说中的圣明君主，以品德高尚、治理有方著称。然而，他的儿子丹朱却不成器，未能继承尧的圣明。这个典故说明了贤德之人也可能有不肖的后代。

2. “瞽叟愚顽，反生大孝之子”：瞽叟是舜帝的父亲，传说中他愚昧无知、行为顽劣，但舜却以大孝著称，成为古代孝道的典范。这个典故强调了子女的品德不一定受父母的影响。

3.“张良原是布衣，萧何曾为县吏”：张良是西汉的开国功臣，以智谋著称，在未遇刘邦之前只是普通百姓。萧何则是刘邦的得力助手，曾是沛县的县吏。这个典故说明了普通人也能通过机遇和才能成就一番事业。

4.“晏子身无五尺，封作齐国宰相”：晏子是春秋时期齐国的著名政治家，以智慧和口才著称。虽然他的身高不足五尺（古代的身高单位），但凭借卓越的才能，被封为齐国的宰相。这个典故强调了才能和智慧比外表更重要。

5.“孔明卧居草庐，能作蜀汉军师”：诸葛亮在未出山之前，隐居在南阳的草庐中，过着隐士生活。后来被刘备三顾茅庐请出，凭借卓越的军事和政治才能，成为蜀汉的军师。这个典故说明了才华横溢的人即使出身平凡，也能在合适的时机发挥巨大的作用。

◎ 时运流转兴衰替，强弱之势亦易移

楚霸虽雄，败于乌江自刎；汉王虽弱，竟有万里江山。李广有射虎之威，到老无封；冯唐有乘龙之才，一生不遇。韩信未遇之时，无一日三餐，及至遇行，腰悬三尺玉印，一旦时衰，死于阴人之手。

翻译：

楚霸王项羽虽然英勇无比，但最终在乌江边失败自刎；汉王刘邦虽然起初看似弱小，却最终拥有了万里江山。李广有射虎的威武，到老却未得封侯；冯唐有出众的才能，一生却未得重用。韩信未被重用时，连一日三餐都成问题，等到被重用后，腰间悬挂着三尺玉印，但一旦时运衰退，却死在了阴险小人的手里。

重点字词注释：

1. 楚霸：指楚霸王项羽。

2. 虽雄：虽然英勇。

3. 乌江自刎：在乌江边自刎而死。

4. 汉王：指汉高祖刘邦。

5. 竟有：最终拥有。

6. 李广：西汉名将，以射箭本领高强著称。

7. 射虎之威：形容英勇威武。

8. 无封：没有得到封侯。

9. 冯唐：西汉时期的人，有才能但未被重用。

10. 乘龙之才：形容有出众的才能。

11. 不遇：未得到重用。

12. 韩信：西汉开国功臣，著名军事家。

13. 无一日三餐：连一日三餐都成问题，形容生活困顿。

14. 及至遇行：等到被重用的时候。

15. 腰悬三尺玉印：腰间悬挂着玉印，表示地位显赫。

16. 时衰：时运衰退。

17. 阴人：阴险的小人。

典故解读：

1.“楚霸虽雄，败于乌江自刎”：楚霸王项羽是中国历史上著名的英雄人物，他凭借强大的军事力量建立了楚国。然而，在与刘邦的楚汉战争中，项羽最终失败，在乌江边自刎而死。这个典故说明了即使强大如项羽，也难免败亡的命运。

2.“汉王虽弱，竟有万里江山”：汉王刘邦在楚汉战争初期势力较弱，但最终凭借卓越的领导才能和谋略，战胜项羽，建立了汉朝，拥有了广袤的江山。这个典故说明了弱者也可以通过努力和机遇成就大业。

3.“李广有射虎之威，到老无封”：李广是西汉时期的名将，以英勇善战和射箭技艺高超著称，曾有射虎的英勇事迹。然而，他一生未能得到封侯，这个典故说明了有才能的人也可能因为种种原因得不到应有的地位和荣誉。

4.“冯唐有乘龙之才，一生不遇”：冯唐是西汉时期的人，有治国安邦的才能，但一生未得到重用，怀才不遇。这个典故表达了对冯唐命运的惋惜，也说明了机遇对个人命运的重要性。

5.“韩信未遇之时，无一日三餐，及至遇行，腰悬三尺玉印，一旦时衰，死于阴人之手”：韩信是西汉开国功臣，著名的军事家。他在未被重用时生活困顿，连饭都吃不饱。后来被刘邦重用，成为掌印的大将军，封侯拜相。但最终因功高震主，被吕后和萧何设计杀害。这个典故说明了个人命运的起伏和时运的重要性。

◎ 人生浮沉无定数，荣辱交替多变迁

有先贫而后富，有老壮而少衰。满腹文章，白发竟然不中；才疏学浅，少年及第登科。深院宫娥，运退反为妓妾；风流妓女，时来配作夫人。青春美女，却招愚蠢之夫；俊秀郎君，反配粗丑之妇。

翻译：

有的人先贫穷后富裕，有的人年老时强健，年轻时却体弱。满腹经纶的人，到老白发苍苍也未能中举；才能平庸、学识浅薄的人，少年时却能考中功名。原本是深宫中的妃子，时运不济时反而沦为妓妾；风流放逸的妓女，时来运转时却能被封为夫人。正值青春的美丽女子，却嫁给了愚蠢的丈夫；俊美优秀的青年，反而娶了粗鄙丑陋的妻子。

重点字词注释：

1. 先贫而后富：起初贫穷，后来富裕。

2. 老壮而少衰：年老时强健，年轻时体弱。

3. 白发竟然不中：白发苍苍，年纪大了，却仍然没有考中功名。

4. 才疏学浅：才能低，学识浅。

5. 少年及第登科：年轻时就考中功名。

6. 深院宫娥：深宫中的妃子。

7. 运退：时运不济。

8. 时来：时来运转。

9. 配作夫人：被封为夫人。

10. 招：嫁。

11. 反配：反而嫁给。

◎ 境遇有别各殊途，坚守本心向正道

蛟龙未遇，潜水于鱼鳖之间；君子失时，拱手于小人之下。衣服虽破，常存仪礼之容；面带忧愁，每抱怀安之量。时遭不遇，只宜安贫守份；心若不欺，必然扬眉吐气。

翻译：

蛟龙没有遇到合适时机的时候，只能潜伏在水中，与鱼鳖为伍；有才德的君子如果时运不济，也只能拱手站在小人之下。衣服虽然破旧，但应该始终保持合乎礼节的仪容；即使面带忧愁，也要心怀安定从容的气度。时运不好、怀才不遇的时候，只能安于贫穷，恪守本分；心中坦荡，就一定会迎来扬眉吐气的那一天。

重点字词注释：

1. 未遇：没有遇到合适时机。

2. 君子：指有才德的人。

3. 失时：失去时机，时运不济。

4. 仪礼之容：符合礼仪的仪容举止。

5. 怀安之量：心怀安定从容的气度。

6. 时遭不遇：时运不好，怀才不遇。

7. 安贫守份：安于贫穷，恪守本分。

8. 心若不欺：心怀坦荡。

◎ 时运有差遭困顿，君子守道不移志

初贫君子，天然骨骼生成；乍富小人，不脱贫寒肌体。天不得时，日月无光；地不得时，草木不生；水不得时，风浪不平；人不得时，利运不通。注福注禄，命里已安排定，富贵谁不欲？人若不依根基八字，岂能为卿为相？

翻译：

起初贫穷的有德之士，其品格、气度是天生形成的；突然暴富的小人，摆脱不了贫穷卑贱时养成的习性。上天如果时机不合，日月就会失去光辉；大地如果时机不合，草木就无法生长；水如果时机不合，就会风浪不平；人如果时机不合，顺利和好运就无法到来。福分和官禄，都是命中早已安排好的，谁不想要富贵呢？但如果人的命运不遵循根基和八字命运的规律，又怎么可能成为高官显贵呢？

重点字词注释：

1. 初贫君子：起初贫穷的有德之士。

2. 天然骨骼生成：指气质是天生形成的。

3. 乍富小人：突然暴富的小人。

4. 不脱贫寒肌体：摆脱不了贫穷卑贱时养成的习性。

5. 天不得时：上天如果时机不合。

6. 草木不生：草木无法生长。

7. 风浪不平：风浪起伏不定。

8. 利运不通：顺利和好运无法到来。

9. 注福注禄：福分和官禄的安排。

10. 富贵谁不欲：谁不想要富贵呢？

11. 不依根基八字：不遵循根基和八字命运的规律。

12. 为卿为相：成为高官显贵。

◎ 富贵显达居高位，当以无为而治世

吾昔寓居洛阳，朝求僧餐，暮宿破窑，思衣不可遮其体，思食不可济其饥，上人憎，下人厌，人道我贱，非我不弃也。今居朝堂，官至极品，位置三公，身虽鞠躬于一人之下，而列职于千万人之上，有挞百僚之杖，有斩鄙吝之剑，思衣而有罗锦千箱，思食而有珍馐百味，出则壮士执鞭，入则佳人捧觞，上人宠，下人拥。人道我贵，非我之能也，此乃时也、运也、命也。

翻译：

我曾经寄居在洛阳，早上向僧人求食，晚上住在破窑之中，想穿衣服但不能遮避身体，想吃食物却不能充饥，上层的人憎恶我，下层的人嫌弃我。人们说我低贱，这并不是因为我自身不好。如今我身居朝堂，官职达到最高，位列三公，虽然身在一人之下，却处于千万人之上，拥有惩罚百官的权力，

手握斩杀鄙吝之人的利剑，想要穿衣时有成千箱的绫罗绸缎，想要吃饭时有数百种美味佳肴，出门有壮士为我执鞭开道，回家有佳人端酒侍奉，上层的人宠爱我，下层的人拥戴我。人们说我显贵，这并不是因为我有多大的才能，而是因为时机、运气和命运罢了。

重点字词注释：

1. 寓居：寄居，居住在别处。
2. 僧餐：僧人的食物，这里指向僧人求食。
3. 破窑：破旧的窑洞，形容居住条件差。
4. 思衣：想要穿衣。
5. 遮其体：遮盖身体，指衣服不能蔽体。
6. 思食：想要吃饭。
7. 济其饥：缓解饥饿，指食物不足果腹。
8. 上人：上层的人，地位高的人。
9. 憎：憎恶。
10. 下人：下层的人，地位低的人。
11. 厌：厌恶、嫌弃。

12. 人道我贱：人们说我低贱。

13. 非我不弃也：并不是因为我自身不好。

14. 今居朝堂：如今身居朝堂。

15. 官至极品：官职达到最高。

16. 位置三公：位列三公，三公是中国古代朝廷中极高的官位。

17. 鞠躬于一人之下：身在一人之下，指对君主恭敬。

18. 列职于千万人之上：处于千万人之上，指地位显赫。

19. 挞百僚之杖：惩罚百官的权力。

20. 斩鄙吝之剑：斩杀鄙吝之人的权力。

21. 罗锦千箱：成千箱的绫罗绸缎，形容衣料丰富。

22. 珍馐百味：数百种美味佳肴，形容食物丰富。

23. 壮士执鞭：壮士为我执鞭开道。

24. 佳人捧觞：佳人端酒侍奉。

25. 上人宠：上层的人宠爱我。

26. 下人拥：下层的人拥戴我。

27. 人道我贵：人们说我显贵。

28. 非我之能也：并不是因为我有多大的才能。

29. 此乃时也、运也、命也：这是时机、运气和命运罢了。

◎ 天地运行循环转，往复周始无停歇

嗟呼！人生在世，富贵不可尽用，贫贱不可自欺，听由天地循环，周而复始焉。

翻译：

唉！人生在世，处于富贵之时不可肆意享用，处于贫贱之时也不可自欺欺人，听凭天地的循环往复，周而复始吧。

重点字词注释：

1. 嗟呼：唉，感叹词。
2. 富贵不可尽用：处于富贵之时不可肆意享用。
3. 贫贱不可自欺：处于贫贱之时也不可自欺欺人。
4. 听由：听凭、任凭。
5. 天地循环：指自然界的循环往复。
6. 周而复始：循环往复，一圈一圈地进行。

《宋史·吕蒙正传》

◎ 原文：

吕蒙正字圣功，河南人。祖梦奇，户部侍郎。父龟图，起居郎。蒙正，太平兴国二年擢进士第一，授将作监丞，通判升州。陛辞，有旨，民事有不便者，许骑置以闻，赐钱二十万。代还，会征太原，召见行在，授著作郎、直史馆，加左拾遗。五年，亲拜左补阙、知制诰。

翻译：

吕蒙正，字圣功，是河南人。祖父吕梦奇，担任过户部侍郎。父亲吕龟图，曾任起居郎。吕蒙正在太平兴国二年考中进士第一名，被授予将作监丞的职务，后来又担任升州通判。在朝廷辞行时，皇帝下令，如果民间有不便之事，允许他骑马快速上报，并赐给他二十万钱。任职期满回京后，正逢朝廷征讨太原，皇帝在行宫召见了他，授予他著作郎、直史馆的职位，并加封为左拾遗。太平兴国五年，他被任命为左补阙、知制诰。

初，龟图多内宠，与妻刘氏不睦，并蒙正出之，颇沦踬窘乏，刘誓不复嫁。及蒙正登仕，迎二亲，同堂异室，奉养备至。龟图旋卒，诏起复。未几，迁都官郎中，入为翰林学士，擢左谏议大夫、参知政事，赐第景丽门。上谓之曰："凡士未达，见当世之务戾于理者，则怏怏于心；及列于位，得以献可替否，当尽其所蕴，虽言未必尽中，亦当献议而更之，俾协于道。朕固不以崇高自恃，使人不敢言也。"蒙正初入朝堂，有朝士指之曰："此子亦参政耶？"蒙正阳为不闻而过之。同列不能平，诘其姓名，蒙正遽止之曰："若一知其姓名，则终身不能忘，不若毋知之为愈也。"时皆服其量。

翻译：

当初，吕龟图有多位姬妾，与妻子刘氏不和，于是将刘氏和吕蒙正一起赶出家门，他们生活十分窘迫，但刘氏发誓不再改嫁。等到吕蒙正做官后，便接回双亲，让他们同住一堂但分室而居，对他们的奉养十分周全。不久，吕龟图去世，皇帝下诏让他重新任职。没过多久，他升任都官郎中，入朝担任翰林学士，又被提拔为左谏议大夫、参知政事，皇帝还赐给他景丽门的宅第。皇帝对他说："凡是士人未被重用时，看到当世政务不合常理，就会心中不满；等到他们担任官职，能够对政务提出建议时，应当尽情发挥自己的才能，即使言论未必完全中肯，也应当提出建议加以改进，使政务符合正道。我本来就不会因为自己地位崇高而自以为是，让人不敢进言。"吕蒙正初次进入朝堂时，有位朝臣指着他说："这小子也能参政吗？"吕蒙正假装没听见就过去了。同僚们愤愤不平，要追问那人的姓名，吕蒙正急忙阻止他们说："如果一旦知道了他的姓名，就会终身难忘，不如不知道更好。"当时人们都佩服他的度量。

李昉罢相，蒙正拜中书侍郎兼户部尚书、平章事，监修国史。蒙正质厚宽简，有重望，以正道自持。遇事敢言，每论时政，有未允者，必固称不可，上嘉其无隐。赵普开国元老，蒙正后进，历官一纪，遂同相位，普甚推许之。俄丁内艰，起复。

翻译：

李昉被罢免宰相后，吕蒙正被任命为中书侍郎兼户部尚书、平章事，负责监修国史。吕蒙正为人质朴宽厚，有很高的声望，以正直之道自持。他遇到事情敢于直言，每当讨论时政，有不妥之处，必定坚决反对，皇帝称赞他不隐瞒自己的观点。赵普是开国元老，吕蒙正是后起之秀，做官仅十二年，就与赵普同居相位，赵普非常推崇他。不久，吕蒙正遭遇母丧，服丧期未满就被起复任职。

先是，卢多逊为相，其子雍起家即授水部员外郎，后遂以为常。至是，蒙正奏曰：“臣忝甲科及第，释褐止授九品京官。况天下才能，老于岩穴，不沾寸禄者多矣。今臣男始离襁褓，膺此宠命，恐罹阴谴，乞以臣释褐时官补之。”自是宰相子止授九品京官，遂为定制。

翻译：

在此之前，卢多逊担任宰相时，他的儿子卢雍刚出仕就被授予水部员外郎，后来这成了惯例。这时，吕蒙正上奏说：“我科举及第后，初入仕途仅被授予九品京官。况且天下有才能之人，隐居山林，年老未仕，没有得到一丝俸禄的人很多。如今我的儿子刚脱离襁褓，就接受如此荣耀的任命，我担心会遭致上天的责罚，请求用我初入仕途时的官职来补授他。”从此，宰相的儿子只被授予九品京官，成为固定制度。

朝士有藏古镜者，自言能照二百里，欲献之蒙正以求知。蒙正笑曰：“吾面不过楪子大，安用照二百里哉？”闻者叹服。

翻译：

有位朝臣收藏了一面古镜，自称能照二百里，想把它献给吕蒙正以求得赏识。吕蒙正笑着说：“我的脸不过像碟子那么大，怎么用得着能照二百里的镜子呢？”听到的人都赞叹佩服。

淳化中，左正言宋沆上疏忤旨，沆，蒙正妻族，坐是罢为吏部尚书，复相李昉。四年，昉罢，蒙正复以本官入相。因对，论及征伐，上曰："朕比来征讨，盖为民除暴，苟好功黩武，则天下之人熸亡尽矣。"蒙正对曰："隋、唐数十年中，四征辽碣，人不堪命。炀帝全军陷没，太宗自运土木攻城，如此卒无所济。且治国之要，在内修政事，则远人来归，自致安静。"上韪之。

翻译：

淳化年间，左正言宋沆上疏违背圣旨，宋沆是吕蒙正妻子的族人，吕蒙正因此被罢免为吏部尚书，李昉重新担任宰相。淳化四年，李昉被罢免后，吕蒙正又以原官身份入朝担任宰相。在奏对时，谈及征伐之事，皇帝说："我近来的征讨，都是为了为民除暴，如果好大喜功、滥用武力，那么天下的人就会陷入困苦不堪的境地。"吕蒙正回答说："隋、唐几十年间，多次征讨辽碣，百姓不堪重负。隋炀帝全军覆没，唐太宗亲自运送土木攻城，最终还是没有成功。况且治理国家的关键在于国内修明政治，这样远方的人自然会归附，国家自然会安定。”皇帝认为他说得对。

尝灯夕设宴，蒙正侍，上语之曰："五代之际，生灵凋丧，周太祖自邺南归，士庶皆罹剽掠，下则火灾，上则彗孛，观者恐惧，当时谓无复太平之日矣。朕躬览庶政，万事粗理，每念上天之贶，致此繁盛，乃知理乱在人。"蒙正避席曰："乘舆所在，士庶走集，故繁盛如此。臣尝见都城外不数里，饥寒而死者甚众，不必尽然。愿陛下视近以及远，苍生之幸也。"上变色不言。蒙正侃然复位，同列多其直谅。

翻译：

皇帝曾经在元宵节设宴，吕蒙正陪同，皇帝对他说："五代时期，百姓凋敝，周太祖从邺城南归，士人和百姓都遭到抢掠，下面有火灾，上面有彗星出现，看到的人都很恐惧，当时人们认为不会再有太平的日子了。我亲自处理各种政务，事情大致得到了治理，每当想到上天的眷顾，达到如今的繁荣昌盛，由此可知国家的安定与动乱都取决于人。"吕蒙正离开座位说："皇帝所在的地方，士人和百姓自然聚集，所以如此繁华。我曾见过都城外不远处，因饥寒而死的人很多，情况不一定都是这样。希望陛下把从近处看到的繁荣推广到远方，这是百姓的幸运啊。”皇帝听后脸色一变，没有说话。吕蒙正刚直地回到座位，同僚们都称赞他的正直和坦率。

上尝欲遣人使朔方，谕中书选才而可责以事者，蒙正退以名上，上不许。他日，三问，三以其人对。上曰："卿何执耶？"蒙正曰："臣非执，盖陛下未谅尔。"固称："其人可使，余人不及。臣不欲用媚道妄随人主意，以害国事。"同列悚息不敢动。上退谓左右曰："蒙正气量，我不如。"既而卒用蒙正所荐，果称职。

翻译：

皇帝曾想派人出使北方，告知中书省选择可委以重任的人才。吕蒙正退朝后将人选上报，皇帝不同意。后来皇帝多次询问，吕蒙正每次都推荐同一个人。皇帝问："你为何如此固执？"吕蒙正说："我不是固执，是陛下您尚未理解啊。"他坚持说："这个人可以出使，其他人比不上他。我不想用谄媚的方式随意附和陛下的心意，而损害国家大事。"同僚们惊恐屏息不敢动弹。皇帝退朝后对身边的人说："吕蒙正的气量，我不如他。"不久，皇帝最终任用了吕蒙正所推荐的人，果然很称职。

至道初，以右仆射出判河南府兼西京留守。蒙正至洛，多引亲旧欢宴，政尚宽静，委任僚属，事多总裁而已。

翻译：

至道初年，吕蒙正以右仆射的身份出任河南府尹兼西京留守。吕蒙正到达洛阳后，经常宴请亲朋好友，治理政事崇尚宽厚安静，他委任僚属，自己只是总揽全局而已。

真宗即位，进左仆射。会营奉熙陵，蒙正追感先朝不次之遇，举家财三百余万以助用。葬日，伏哭尽哀，人以为得大臣体。咸平四年，以本官同平章事、昭文馆大学士。国朝以来三入相者，惟赵普与蒙正焉。郊祀礼成，加司空兼门下侍郎。六年，授太子太师，封莱国公，改封徐，又封许。

翻译：

真宗即位后，吕蒙正升任左仆射。恰逢修建奉熙陵，吕蒙正感念先朝的特殊礼遇，拿出自家财产三百多万来资助工程。下葬那天，他伏地痛哭尽哀，人们认为他有大臣的风度。咸平四年，他以原官身份再次担任同平章事、昭文馆大学士。本朝以来，三次担任宰相的，只有赵普和吕蒙正两人。郊祀大礼完成后，他被加封为司空兼门下侍郎。咸平六年，他被授予太子太师，封为莱国公，后改为徐国公，又改为许国公。

景德二年春，表请归洛。陛辞日，肩舆至东园门，命二子掖以升殿，因言：“远人请和，弭兵省财，古今上策，惟愿陛下以百姓为念。”上嘉纳之，因迁从简太子洗马，知简奉礼郎。

翻译：

景德二年春天，吕蒙正上表请求返回洛阳。辞行那天，他乘轿来到东园门，皇帝命他的两个儿子扶他上殿，他趁机说：“远方的人请求和谈，停止战争节省财物，这是古今的上策，希望陛下能为百姓着想。”皇帝赞许并采纳了他的建议，于是提升吕从简为太子洗马，吕知简为奉礼郎。

蒙正至洛，有园亭花木，日与亲旧宴集，子孙环绕，迭捧寿觞，怡然自得。大中祥符而后，上朝永熙陵，封泰山，祀后土，过洛，两幸其第，锡赉有加。上谓蒙正曰："卿诸子孰可用？"对曰："诸子皆不足用。有侄夷简者，任颍州推官，宰相才也。"夷简由是见知于上。

翻译：

吕蒙正回到洛阳后，有园亭花木，每天与亲朋好友宴饮聚会，子孙环绕，轮流敬酒，他非常高兴，自得其乐。大中祥符年后，皇帝前往永熙陵朝拜，封禅泰山，祭祀后土，路过洛阳时，两次亲临他的府第，赏赐优厚。皇帝问吕蒙正："你的几个儿子中谁可以任用？"他回答说："我的几个儿子都不足任用。有个侄子叫吕夷简，担任颍州推官，是宰相之才。"吕夷简因此被皇帝赏识。

富言者，蒙正客也。一日白曰：“儿子十许岁，欲令入书院，事廷评、太祝。”蒙正许之。及见，惊曰：“此儿他日名位与吾相似，而勋业远过于吾。”令与诸子同学，供给甚厚。言之子，即弼也。后弼两入相，亦以司徒致仕。其知人类如此。

翻译：

富言是吕蒙正的门客。有一天他对吕蒙正说：“我的儿子十几岁了，想让他进入书院，与廷评、太祝的儿子一起学习。”吕蒙正答应了。等到见到富言的儿子后，他惊讶地说：“这孩子将来名声和地位与我相似，但功业会远远超过我。”于是让他与自己的儿子们一起学习，并给予丰厚的供给。富言的儿子就是富弼。后来富弼两次担任宰相，也以司徒之职退休。吕蒙正就是这样知人善任。

蒙正初为相时，张绅知蔡州，坐赃免。或言于上曰："张绅家富，不至此，特蒙正贫时勾索不如意，今报复之耳。"上命即复绅官，蒙正不辨。后考课院得绅实状，复黜为郢州团练副使。及蒙正再入相，太宗谓曰："张绅果有赃。"蒙正不辨亦不谢。在西京日，上数遣中贵人将命至，蒙正待之如在相位时，不少贬，时人重焉。

翻译：

吕蒙正刚刚担任宰相时，张绅担任蔡州知州，因贪污被免职。有人对皇帝说："张绅家境富裕，不至于贪污，只是吕蒙正贫穷时，张绅没有满足他的要求，现在吕蒙正在报复罢了。"皇帝下令恢复张绅的官职，吕蒙正没有辩解。后来考课院查得张绅贪污的实情，又将他贬为郢州团练副使。等到吕蒙正再次入相时，太宗对他说："张绅确实有贪污行为。"吕蒙正没有辩解也没有道谢。在西京时，皇帝多次派宦官带着使命前来，吕蒙正像在宰相位时一样对待他们，毫不轻视，当时的人很敬重他。

子从简，再为国子博士；惟简，太子中舍；承简，司门员外郎；行简，比部员外郎；务简，亦国子博士；居简，殿中丞；知简，太子右赞善大夫。

翻译：

吕蒙正的儿子吕从简，两次担任国子博士（掌管国子监教学）；吕惟简，担任太子中舍（太子近侍掌管文书奏议）；吕承简，担任司门员外郎（掌管天下关卡桥梁）；吕行简，担任比部员外郎（掌管各地收支账目审计）；吕务简，也担任国子博士；吕居简，担任殿中丞（掌管皇帝日常生活事务）；吕知简，担任太子右赞善大夫（规谏太子过失）。

蒙正弟蒙休，咸平进士，至殿中丞。

龟图弟龟祥，殿中丞，知寿州。

翻译：

吕蒙正的弟弟吕蒙休，咸平年间考中进士，官至殿中丞。

吕龟图的弟弟吕龟祥，担任殿中丞，知寿州。

（龟祥）子蒙亨，举进士高等，既廷试，以蒙正居中书，故报罢。后历下蔡、武平主簿。至道初，考课州县官，蒙亨引对，文学、政事俱优，命为光禄寺丞，改大理寺丞，卒。次子蒙巽，虞部员外郎；蒙周，淳化进士及第。蒙亨子即夷简也。次子宗简，亦进士及第。

翻译：

吕龟祥的儿子吕蒙亨，考中进士高等，但在殿试后，因为吕蒙正担任中书令，所以被宣布落第。后来吕蒙亨历任下蔡、武平主簿。至道初年，朝廷考核州县官员，吕蒙亨被引见给皇帝，他的文学和政绩都很优秀，被任命为光禄寺丞，后改任大理寺丞，在任上去世。吕蒙亨的弟弟吕蒙巽，担任虞部员外郎；吕蒙周，淳化年间进士及第。吕蒙亨的儿子就是吕夷简。吕蒙亨的次子吕宗简，也考中进士。

许国之命甫下而卒，年六十八。赠中书令，谥曰文穆。

翻译：

许国公的封号刚刚下达，吕蒙正就去世了，享年六十八岁。赠官中书令，谥号文穆。

◎ 译文：

吕蒙正，字圣功，是河南人。祖父吕梦奇，担任过户部侍郎。父亲吕龟图，曾任起居郎。吕蒙正在太平兴国二年考中进士第一名，被授予将作监丞的职务，后来又担任升州通判。在朝廷辞行时，皇帝下令，如果民间有不便之事，允许他骑马快速上报，并赐给他二十万钱。任职期满回京后，正逢朝廷征讨太原，皇帝在行宫召见了他，授予他著作郎、直史馆的职位，并加封为左拾遗。太平兴国五年，他被任命为左补阙、知制诰。

当初，吕龟图有多位姬妾，与妻子刘氏不和，于是将刘氏和吕蒙正一起赶出家门，他们生活十分窘迫，但刘氏发誓不再改嫁。等到吕蒙正做官后，便接回双亲，让他们同住一堂但分室而居，对他们的奉养十分周全。不久，吕龟图去世，皇帝下诏让他重新任职。没过多久，他升任都官郎中，入朝担任翰林学士，又被提拔为左谏议大夫、参知政事，皇帝还赐给他景丽门的宅第。皇帝对他说："凡是士人未被重用时，看到当世政务不合常理，就会心中不满；等到他们担任官职，能够对政务提出建议时，应当尽情发挥自己的才能，即使言论未必完全中肯，也应当提出建议加以改进，使政务符合正道。我本来就不会因为自己地位崇高而自以为是，让人不敢进言。"吕蒙正初次进入朝堂时，有位朝臣指着他说："这小子也能参政吗？"吕蒙正假装没听见就过去了。同僚们愤愤不平，要追问那人的姓名，吕蒙正急忙阻止他们说："如果一旦知道了他的姓名，就会终身难忘，不如不知道更好。"当时人们都佩服他的度量。

李昉被罢免宰相后，吕蒙正被任命为中书侍郎兼户部尚书、平章事，负责监修国史。吕蒙正为人质朴宽厚，有很高的声望，以正直之道自持。他遇到事情敢于直言，每当讨论时政，有不妥之处，必定坚决反对，皇帝称赞他不隐瞒自己的观点。赵普是开国元老，吕蒙正是后起之秀，做官仅十二年，就与赵普同居相位，赵普非常推崇他。不久，吕蒙正遭遇母丧，服丧期未满就被起复任职。

在此之前，卢多逊担任宰相时，他的儿子卢雍刚出仕就被授予水部员外郎，后来这成了惯例。这时，吕蒙正上奏说：“我科举及第后，初入仕途仅被授予九品京官。况且天下有才能之人，隐居山林，年老未仕，没有得到一丝俸禄的人很多。如今我的儿子刚脱离襁褓，就接受如此荣耀的任命，我担心会遭致上天的责罚，请求用我初入仕途时的官职来补授他。”从此，宰相的儿子只被授予九品京官，成为固定制度。

有位朝臣收藏了一面古镜，自称能照二百里，想把它献给吕蒙正以求得赏识。吕蒙正笑着说：“我的脸不过像碟子那么大，怎么用得着能照二百里的镜子呢？”听到的人都赞叹佩服。

淳化年间，左正言宋沆上疏违背圣旨，宋沆是吕蒙正妻子的族人，吕蒙正因此被罢免为吏部尚书，李昉重新担任宰相。淳化四年，李昉被罢免后，吕蒙正又以原官身份入朝担任宰相。在奏对时，谈及征伐之事，皇帝说：“我近来的征讨，都是为了为民除暴，如果好大喜功、滥用武力，那么天下的人就会陷入困苦不堪的境地。”吕蒙正回答说：“隋、唐几十年间，多次征讨辽碣，百姓不堪重负。隋炀帝全军覆没，唐太宗亲自运送土木攻城，最终还是没有成功。况且治理国家的关键在于国内修明政治，这样远方的人自然会归附，国家自然会安定。”皇帝认为他说得对。

曾经在元宵节设宴，吕蒙正陪同，皇帝对他说：“五代时期，百姓凋敝，周太祖从邺城南归，士人和百姓都遭到抢掠，下面有火灾，上面有彗星出现，看到的人都很恐惧，当时人们认为不会再有太平的日子了。我亲自处理各种政务，事情大致得到了治理，每当想到上天的眷顾，达到如今的繁荣昌盛，由此可知国家的安定与动乱都取决于人。”吕蒙正离开座位说：“皇帝所在的地方，士人和百姓自然聚集，所以如此繁华。我曾见过都城外不远处，因饥寒而死的人很多，情况不一定都是这样。希望陛下把从近处看到的繁荣推广到远方，这是百姓的幸运啊。”皇帝听后脸色一变，没有说话。吕蒙正刚直地回到座位，同僚们都称赞他的正直和坦率。

皇帝曾想派人出使北方，告知中书省选择可委以重任的人才。吕蒙正退朝后将人选上报，皇帝不同意。后来皇帝多次询问，吕蒙正每次都推荐同一个人。皇帝问："你为何如此固执？"吕蒙正说："我不是固执，是陛下您尚未理解啊。"他坚持说："这个人可以出使，其他人比不上他。我不想用谄媚的方式随意附和陛下的心意，而损害国家大事。"同僚们惊恐屏息不敢动弹。皇帝退朝后对身边的人说："吕蒙正的气量，我不如他。"不久，皇帝最终任用了吕蒙正所推荐的人，果然很称职。

至道初年，吕蒙正以右仆射的身份出任河南府尹兼西京留守。吕蒙正到达洛阳后，经常宴请亲朋好友，治理政事崇尚宽厚安静，他委任僚属，自己只是总揽全局而已。

真宗即位后，吕蒙正升任左仆射。恰逢修建奉熙陵，吕蒙正感念先朝的特殊礼遇，拿出自家财产三百多万来资助工程。下葬那天，他伏地痛哭尽哀，人们认为他有大臣的风度。咸平四年，他以原官身份再次担任同平章事、昭文馆大学士。本朝以来，三次担任宰相的，只有赵普和吕蒙正两人。郊祀大礼完成后，他被加封为司空兼门下侍郎。咸平六年，他被授予太子太师，封为莱国公，后改为徐国公，又改为许国公。

景德二年春天，吕蒙正上表请求返回洛阳。辞行那天，他乘轿来到东园门，皇帝命他的两个儿子扶他上殿，他趁机说："远方的人请求和谈，停止战争节省财物，这是古今的上策，希望陛下能为百姓着想。"皇帝赞许并采纳了他的建议，于是提升吕从简为太子洗马，吕知简为奉礼郎。

吕蒙正回到洛阳后，有园亭花木，每天与亲朋好友宴饮聚会、子孙环绕、轮流敬酒，他非常高兴，自得其乐。大中祥符年后，皇帝前往永熙陵朝拜，封禅泰山，祭祀后土，路过洛阳时，两次亲临他的府第，赏赐优厚。皇帝问吕蒙正："你的几个儿子中谁可以任用？"他回答说："我的几个儿子都不足任用。有个侄子叫吕夷简，担任颍州推官，是宰相之才。”吕夷简因此被皇帝赏识。

富言是吕蒙正的门客。有一天他对吕蒙正说：“我的儿子十几岁了，想让他进入书院，与廷评、太祝的儿子一起学习。”吕蒙正答应了。等到见到富言的儿子后，他惊讶地说：“这孩子将来名声和地位与我相似，但功业会远远超过我。”于是让他与自己的儿子们一起学习，并给予丰厚的供给。富言的儿子就是富弼。后来富弼两次担任宰相，也以司徒之职退休。吕蒙正就是这样知人善任。

吕蒙正刚刚担任宰相时，张绅担任蔡州知州，因贪污被免职。有人对皇帝说：“张绅家境富裕，不至于贪污，只是吕蒙正贫穷时，张绅没有满足他的要求，现在吕蒙正在报复罢了。”

皇帝下令恢复张绅的官职，吕蒙正没有辩解。后来考课院查得张绅贪污的实情，又将他贬为郢州团练副使。等到吕蒙正再次入相时，太宗对他说：“张绅确实有贪污行为。”吕蒙正没有辩解也没有道谢。在西京时，皇帝多次派宦官带着使命前来，吕蒙正像在宰相位时一样对待他们，毫不轻视，当时的人很敬重他。

吕蒙正的儿子吕从简，两次担任国子博士（掌管国子监教学）；吕惟简，担任太子中舍（太子近侍掌管文书奏议）；吕承简，担任司门员外郎（掌管天下关卡桥梁）；吕行简，担任比部员外郎（掌管各地收支账目审计）；吕务简，也担任国子博士；吕居简，担任殿中丞（掌管皇帝日常生活事务）；吕知简，担任太子右赞善大夫（规谏太子过失）。

吕蒙正的弟弟吕蒙休，咸平年间考中进士，官至殿中丞。吕龟图的弟弟吕龟祥，担任殿中丞，知寿州。

吕龟祥的儿子吕蒙亨，考中进士高等，但在殿试后，因为吕蒙正担任中书令，所以被宣布落第。后来吕蒙亨历任下蔡、武平主簿。至道初年，朝廷考核州县官员，吕蒙亨被引见给皇帝，他的文学和政绩都很优秀，被任命为光禄寺丞，后改任大理寺丞，在任上去世。吕蒙亨的弟弟吕蒙巽，担任虞部员外郎；吕蒙周，淳化年间进士及第。吕蒙亨的儿子就是吕夷简。吕蒙亨的次子吕宗简，也考中进士。

许国公的封号刚刚下达，吕蒙正就去世了，享年六十八岁。赠官中书令，谥号文穆。

吕蒙正轶事

1. 帝谓宰臣曰：“倖门如鼠穴，何可尽塞！但去其甚者斯可矣。近来纲运之上，篙工、梢师有少贩鬻，但不妨公，一切不问，冀得官物至京无侵损耳。”吕蒙正对曰：“水至清则无鱼，人至察则无徒。小人情伪，君子岂不知，以大度容之，则庶事俱济。”（清·毕沅《续〈资治通鉴〉》）

翻译：

皇帝对宰相说：“侥幸钻营的途径就像鼠洞一样，不可能全部堵塞！只需要去除那些特别严重的问题就可以了。最近在国家物资运输中，船工和舵手稍微有些贩卖私货的行为，只要不妨碍公家的利益，就一概不追究。这样做的目的是希望官家的物资能安全运到京城，不被侵占或损耗。”吕蒙正回答说：“水太清澈了就没有鱼，人太苛刻了就没有同伴。小人的虚伪行为，君子怎么会不知道呢？以宽大的胸怀包容他们，才能让各种事情顺利进行。”

2. 公（吕蒙正）在龙门时，一日行伊水上，见卖瓜者，意欲得之，无钱可买，其人偶遗一枚于地，公怅然取食之。后作相，买园洛城东南，下临伊水，起亭以“噎瓜”为名。不忘贫贱之义也。（宋·邵伯温《邵氏闻见录》）

翻译：

吕蒙正在龙门求学时，有一天在伊水边行走，看到有人卖瓜，心里很想吃，但没有钱买。卖瓜的人偶然间掉了一个瓜在地上，吕蒙正惆怅地捡起来吃了。后来他当了宰相，在洛阳城东南买了一处园子，园子下面临近伊水，他建了一座亭子，并取名为“噎瓜”亭，以此来表示他不忘贫贱时的意义。

3. 吕蒙正相公不喜记人过。初参知政事，入朝堂，有朝士于帘内指之曰："是小子亦参政耶！"蒙正佯为不闻而过之。其同列怒，令诘其官位姓名，蒙正遂止之。罢朝，同列犹不能平，悔不穷问，蒙正曰："一知其姓名，则终身不能复忘，固不如无知也，不问之何损？"时人皆服其量。（宋·司马光《涑水见闻》）

翻译：

吕蒙正相公不喜欢记着别人的过错。他刚刚担任参知政事，进入朝堂时，有一位中央官员在朝堂帘内指着吕蒙正说："这小子也当上了参知政事了呀！"吕蒙正装作没有听见而走过去了。与吕蒙正同在朝班的同事非常愤怒，下令责问那个人的官位和姓名。吕蒙正急忙制止不让查问。下朝以后，那同事仍然愤愤不平，后悔当时没有彻底查问。吕蒙正则说："一旦知道那个人的姓名，就终身不能忘记，所以不如不知道为好。（况且）不去追问那个人的姓名，对我来说又有什么损失呢？"当时的人都佩服吕蒙正的度量。

4. 文穆（吕蒙正）为父所逐，衣食不给。龙门寺僧识其贵人，延至寺中，凿山岩为龛居之，凡九年。后诸子即石龛为祠堂。（宋·叶梦得《避暑录话》）

翻译：

吕蒙正被他的父亲赶出家门，生活困顿，衣食无着。龙门寺的僧人慧眼识人，知道其将来定能成为达官显贵，便邀请他到寺中居住，并在山岩上凿出一个石龛供他居住，这样一共住了九年。后来，吕蒙正的儿子们把这个石龛改造成祠堂，以纪念他在困境中发奋读书的经历。

5. 吕蒙正未遇时，读书于利涉寺，随僧饭。僧乃斋后扣钟，蒙正亦有“惭愧阇黎饭后钟”之句。（清·褚人获《坚瓠集·补集》）

翻译：

吕蒙正在未发迹时，曾在利涉寺读书，随僧人一起吃饭。寺庙的僧人通常是在吃饭后敲钟，由于生活窘迫，他也写下了“惭愧阇黎饭后钟”这样的诗句。

6. 吕文穆蒙正，少年读书于西京龙门利涉院，壁间题诗云:“怪得池塘春水满，夜来雷雨起南山。”状元宰相之兆，已见于此诗矣。（宋·胡仔《苕溪渔隐丛话》）

翻译：

吕蒙正在未发迹时，曾在西京龙门的利涉院读书，生活非常贫困。他在墙壁上题诗道：“怪得池塘春水满，夜来风雨起南山。”。后来，吕蒙正果然考中状元，并成为宰相，这预示着他未来辉煌成就的诗句，早在他贫困时就已显露端倪。

7. 有阴冢者，阴雨，则冢中有歌乐之声。吕文穆因过，其冢中云："相公来，且住歌乐。"（宋·江少虞《宋朝事实类苑》）

翻译：

有个阴雨天有歌乐声的坟冢，当吕蒙正经过时，坟冢中传出声音说："相公来了，暂且停止歌乐。"

8. 吕文穆公蒙正，为举人时，客于建隆观道士丁君之舍。常往西洛省亲，自冬至春方还，至板桥，逢职方刘蒙叟，相揖并辔，同入顺天门。刘因送吕之道院，至则门户扃锁如故，既发篇启户，见卧前有物高三四尺，蒙茸合抱，其色白而黄。刘、吕惊讶，逼而视之，乃槐也。遽召道侣观之，乃槐根至室而生耳，无不叹异。是岁公登科，不十年，位至平章事。识者以槐瑞焉。（宋·孔平仲《孔氏谈苑》）

翻译：

吕蒙正当举人时，曾客居在建隆观道士丁君的住所。他常往西洛省亲，从冬天住到春天才返回。一次，他走到板桥，遇到了职方刘蒙叟，两人互相行礼后并辔而行，一同进入顺天门。刘蒙叟于是送吕蒙正回到道院，但道院的门户像往常一样紧锁着。等他们打开门进入后，发现卧房前有一个高三四尺、毛茸茸合抱粗、颜色白黄相间的东西。刘蒙叟和吕蒙正都很惊讶，走近一看，原来是一棵槐树。他们急忙叫来其他道士一同观看，原来槐树的根一直长到室内，大家都对此感到非常惊奇。这一年，吕蒙正考中进士，不到十年，就升任平章事。有识之士认为这是槐树带来的吉祥之兆。

9. 吕文穆公父龟图与其母不相能，并文穆逐出之，羁旅于外，衣食殆不给。龙门山利涉院僧识其为贵人，延致寺中，为凿山岩为龛居之。文穆处其间九年乃出，从秋试，一举为廷试第一。是时，会太宗初与赵韩王议，欲广致天下士以兴文治而志在幽燕，试《训练将士赋》。文穆辞既雄丽，唱名复见容貌伟然。帝曰："吾得人矣。"自是七年参知政事，十二年而相。其后诸子即石龛为祠，名曰"肄业"，富韩公（富弼）为作记云。（宋·叶梦得《避暑录话》）

翻译：

吕蒙正（文穆公），其父吕龟图与嫡妻不和，将他与母亲一同赶出家门。母子二人流落他乡，生活困顿，衣食难继。河南龙门山利涉院的住持和尚慧眼识人，看出吕蒙正将来必成大器，便邀请他们母子住进寺院，并在山崖上开凿石龛供其读书。吕蒙正在石洞中苦读九年，及冠之年参加科举考试，一举夺得廷试状元。

当时正值宋太宗赵光义与赵普商议国策，希望广招天下贤士以振兴文治，同时有收复幽燕之地的志向，特设《训练将士赋》为考题。吕蒙正的策论辞采雄浑瑰丽，点名时更见其仪表堂堂。太宗当即赞叹："朕得人才矣！"此后七年，吕蒙正升任副宰相（参知政事），十二年拜相，成为北宋名臣。

后来，吕蒙正的后人将当年苦读的石龛改建为祠堂，取名"肄业祠"，由富弼撰写碑记以志纪念。

10. 洛阳龙门，有吕文穆公读书龛。云文穆昔尝栖偃于此，初有友二人，一人则温尚书仲舒，一人忘其姓名，而三人誓不得状元不仕。及唱第，文穆状元，温已不意，然犹中甲科，逡巡释褐，其一人径拂袖归隐。后文穆作相，太宗问“昔谁为友。”文穆即以隐者对，遽以著作郎召之，不起。故文穆罢相尹洛，作诗曰：“昔作儒生谒贡闱，今提相印出黄扉。九重鹓鹭醉中别，万里烟霄达了归。邻叟尽垂新鹤发，故人犹著旧麻衣。洛阳谩道多才子，自叹遭逢似我稀。”所谓故人，盖斥其友者也。（宋·吴处厚《青箱杂记》）

翻译：

洛阳龙门有一处吕文穆公（吕蒙正）读书的石龛，相传吕蒙正早年曾在此读书居住。当初他有两位朋友，一位是温尚书仲舒，另一位已忘记姓名。三人约定，若不能考中状元便不入仕。后来殿试放榜，吕蒙正考中状元，温仲舒虽未中状元，但也考中了甲科，得以入仕。而另一位朋友则愤然拂袖归隐。

吕蒙正后来官至宰相，宋太宗询问他早年的朋友是谁，吕蒙正便将归隐的朋友告知。太宗随即以著作佐郎的官职征召此人，但他拒绝出仕。吕蒙正被罢相后担任洛阳地方长官时，作诗感慨道：“昔作儒生谒贡闱，今提相印出黄扉。九重鹓鹭醉中别，万里烟霄达了归。邻叟尽垂新鹤发，故人犹著旧麻衣。洛阳谩道多才子，自叹遭逢似我稀。”诗中的“故人”正是指那位归隐的朋友。

11. 郭延卿，洛阳人。少以文行称于乡里。吕公蒙正、张公齐贤未第时，皆以师友事之。太平兴国中，陈抟自华州被召，抟素以知人名天下，及道西洛，三人者皆进谒。抟倒履迎之，目吕曰：“前辈当状元及第，位至宰相。张前辈科名虽在行间，而福禄延永又过于吕。”然殊不言延卿。于是二人相与言曰：“郭君文行乡里所推，幸与一目。”抟曰：“固知之，然亦甚好。”逡巡草草别去。抟送之门，顾张、吕曰：“二君今晚更过访。”及期往，抟曰：“二君前程，某固已言，然所惜延卿禄薄。俟吕君作相，始合得一命；张君作相，当得职官耳。”既而吕果然状元中第。及为相，荐延卿，得试校书郎。及张作相，益念郭之潦倒，一夕语其子宗诲曰：“为我作奏札子，荐郭延卿京官。”及翌日造朝，遽索奏札。宗诲草奏，误书“京”字为“职”字，及书可降制，乃职官，皆如抟言也。（宋 · 张师正《括异志》）

翻译：

郭延卿是洛阳人，年轻时就以文章和品行在乡里受到称赞。吕蒙正、张齐贤未考中进士时，都以师友之礼对待他。太平兴国年间，陈抟从华州被征召，他一向以识人闻名天下。途经西洛时，郭延卿、吕蒙正、张齐贤三人都前去拜见。陈抟倒履相迎，看着吕蒙正说："这位先生将来会状元及第，官至宰相。张先生虽然科举名次稍后，但福禄绵延，比吕先生还要长久。"然而，陈抟对郭延卿却只字未提。于是二人对陈抟说："郭君文章德行被乡里所推崇，麻烦请给他看看。"陈抟说："我当然知道，他气度也很好。"随后便匆匆告别。送三人出门时，陈抟回头对吕蒙正和张齐贤说："今晚二位再来拜访。"到了约定时间，二人再次前往，陈抟说："二位的前程我已说过，可惜郭延卿福禄较浅。要等吕君做宰相时，才能得到一个小官；而等张君做宰相时，才能升为实职。"后来，吕蒙正如愿状元及第。等到他拜相后，果然举荐郭延卿为试校书郎。张齐贤拜相后，也念及郭延卿的坎坷，某夜对儿子张宗诲说："替我起草奏章，举荐郭延卿为京官。"第二天上朝时，张齐贤仓促索要奏章，张宗诲起草时误将“京官”写成“职官”，而最终的诏令也与陈抟当年的预言完全吻合。

12. 吕文穆公未第时，薄游一县，胡大监旦方随其父宰是邑，遇吕甚薄。客有誉吕说：“吕君工于诗，宜少加礼。”胡问诗之警句。客举一篇，其卒章云：“挑尽寒灯梦不成。”胡笑曰：“乃是一渴睡汉耳。”吕闻之，甚恨而去。明年，首中甲科，使人寄声语胡曰：“渴睡汉状元及第矣。”胡答曰：“待我明年第二人及第，输君一筹。既而次榜亦中首选。”（宋·欧阳修《六一诗话》）

翻译：

吕蒙正在未考中进士时，曾漫游至一县，胡旦当时跟随其父在该县任县令，对吕蒙正非常轻蔑。有位客人称赞吕蒙正说：“吕君擅长写诗，应该稍微给予礼遇。”胡旦询问吕诗中的警句，客人举出一首诗，最后一句是：“挑尽寒灯梦不成。”胡旦轻蔑地说：“这只是一个爱睡觉的人罢了。”吕蒙正听说后，愤恨地离开了。第二年，吕蒙正考中状元，派人寄信给胡旦说：“爱睡觉的人考中状元了。”胡旦回答说：“等我明年考中第二名，比你差一筹。”次年，胡旦也考中了状元。

13. 吕文穆公微时极贫，故有“渴睡汉”之谓。比贵盛，喜食鸡舌汤，每朝必用。一夕游花园，遥见墙角一高阜，以为山也，问左右“谁为之”，对曰：“此相公所杀鸡毛耳。”吕讶曰：“吾食鸡几何，乃有此？”对曰：“鸡一舌耳，相公一汤用几许舌？食汤凡几时？”吕默然省悔，遂不复用。（清·褚人获《坚瓠集·余集》）

翻译：

吕蒙正在未考中进士时非常贫困，因此有了“渴睡汉”的称呼。等到他地位显赫后，特别喜欢喝鸡舌汤，每天早上必定饮用。一天晚上，他在花园游玩，远远看见墙角有一座小土丘，以为是山，便问身边的人：“这是谁堆的？”回答说：“这是宰相您所杀的鸡的羽毛堆积而成的。”吕蒙正惊讶地说：“我吃了多少鸡，才会有这么多羽毛？”身边的人回答：“一只鸡只有一个舌头，宰相您一碗汤要用多少舌头？喝汤已经有多久了？”吕蒙正听后沉默不语，感到悔悟，从此不再饮用鸡舌汤。

14. 凡士大夫之必居大位者，先观其器度，宽厚则无不中矣。故韩王普在中书，忽命吕公蒙正为参预，赵常潜觇其为事，而多之曰："吾尝观吕公每奏事，得圣上嘉赏，未尝有喜，遇圣上抑挫，亦未尝有惧色，仍俱未尝形于言，真台辅之器也。"（宋·佚名《丁晋公谈录》）

翻译：

凡士大夫中那些注定要身居高位的人，首先要观察他们的气度。如果气度宽厚，那么就一定能胜任高位。所以韩王赵普在中书省任职时，突然任命吕蒙正为参知政事。赵常暗中观察吕蒙正的行事，称赞他说："我曾观察吕公每次奏事，得到圣上的嘉奖，他从不表现出喜悦；遇到圣上的批评，他也从不表现出畏惧，而且他从不把这些情绪表现在言语上，真是宰相的器量啊。"

15. 蒙正初为相时，张绅知蔡州，以赃败。有为绅营解于太宗，曰："绅家富，不至此，特蒙正贫时有求不获，今报之尔。"太宗即复绅官，蒙正终不辨。后得其实，黜为释州团练副使，太宗复谓曰："张绅果有赃。"蒙正亦不辨。（宋·王称《东都事略》）

翻译：

吕蒙正初次担任宰相时，蔡州知府张绅因贪赃被免职。有人在宋太宗面前为张绅辩护，说："张绅家境富裕，不会贪污，只因吕蒙正贫困时向他求助却未得到帮助，如今对他进行报复罢了。"太宗听信了这些话，便恢复了张绅的官职，而吕蒙正并未为自己辩解。后来，经过核实，张绅确实有贪赃行为，贬为释州团练副使。太宗对他说："张绅确实有贪赃行为。"吕蒙正依然没有辩解。

16. 吕蒙正居宰弼，一日，谏官张观忤太宗，旨送台狱。蒙正翌日不入朝，上遣使问其故，对曰："臣为宰臣，致谏官下狱，复何面曰见君上耶？"上急出观焉。（宋·田况《儒林公议》）

翻译：

吕蒙正担任宰相时，谏官张观因触犯宋太宗被关入监狱。吕蒙正得知后，第二天不上朝。太宗派人询问原因，吕蒙正回答说："臣作为宰相，导致谏官被关入监狱，还有什么面目见君主呢？"太宗听后，立即释放了张观。

17. 吕公蒙正尝问诸子曰："我为相，外议如何？"诸子云："大人为相，四方无事，夷狄宾服，甚善。但人言无能为，事权多为同列所争。"公曰："我诚无能，但有一能，善用人耳。此真宰相之事也。"公夹袋中有册子，每四方人替罢见，必问其有何人才。客去，随即疏之，悉分门类，或有一人而数人称之者，必贤也。朝廷求贤，取之囊中。故公为相，文武百官各称职者，以此。（宋·朱熹、李幼武《宋名臣言行录》）

翻译：

吕蒙正曾问他的儿子们："我担任宰相，外界的评价怎么样？"儿子们回答说："父亲您担任宰相，天下太平，四方归顺，非常好。只是人们说您没有什么能力，职权多被同僚争去了。"吕蒙正说："我确实没有什么能力，但有一项能力，那就是善于用人。这才是宰相应该做的事。"吕蒙正的夹袋里有一个册子，每当各地的人来拜见或离任时，他都会询问有哪些人才。客人离开后，他就把这些信息记录下来，分类整理。有时一个人被多人称赞，这个人必定贤能。朝廷需要人才时，就从他的册子中选取。因此，吕蒙正担任宰相时，文武百官都能称职，原因就在于此。

18. 吕中令蒙正，国朝三入中书，惟公与赵韩王尔，未尝以姻戚徼宠泽。子从简当奏补，时公为揆门相，旧制，宰相奏子，起家即授水部员外郎，加朝阶。公奏曰："臣昔忝甲科及第，释褐止授九品京官，况天下才能老于岩穴、不能沾寸禄者无限。今臣男从简始离襁褓，一物不知，膺此宠命，恐罹阴谴，止乞以臣释褐日所授官补之。"固让方允，止授九品京官，自尔为制。公生于洛中祖第正寝，至易箦，亦在其寝。其子集贤二卿居简，平日亲与文莹语此事云。（宋·僧文莹《玉壶清话》）

翻译：

吕蒙正，字中令，曾在本朝三次担任中书省的宰相职务，只有他和赵韩王（赵普）做到这一点。他从未因为姻亲关系而谋求恩宠或利益。他的儿子吕从简到了应当奏请补官的年龄，当时吕蒙正担任宰相。按照旧制，宰相奏请儿子补官，初次授官即可担任水部员外郎，并加授朝官的官阶。吕蒙正上奏说："我当年考中进士时，初次做官只是九品京官，况且天下有无数才华横溢的人隐居山林，终生未能享受一丝俸禄。如今我的儿子吕从简刚刚离开襁褓，什么都不懂，却要接受如此显赫的任命，恐怕会招致上天的谴责。只请求按照我初次做官时所授的官职，为他补授。”他坚决辞让，最终只同意授予九品京官，并从此成为定制。吕蒙正出生于洛阳祖宅正厅，直到去世（易箦，指病危更衣待死），也仍在同一间正厅中。他的儿子吕居简平日里曾与文莹谈及此事。

19. 太平兴国二年正月六日，宋太宗始御讲武殿试进士，赐吕蒙正以下及第……其赐吕蒙正诗有云“帝泽虽宽异，官荣莫忘贫”。吕蒙正自仆射乞出，得判河中府。太宗曰：“卿状元及第，朕用卿作宰相，今日可谓荣归乡里。”因有诗曰：“满朝鹓鹭醉中别，万里烟霄达子归。”太宗闻之曰：“吕蒙正似无意再来。”既而三召，方再入相。（宋代龚定臣《东原录》）

翻译：

太平兴国二年正月六日，宋太宗首次在讲武殿亲自主持进士殿试，钦赐吕蒙正等人进士及第……太宗御赐吕蒙正的诗中有这样的句子：“帝泽虽宽异，官荣莫忘贫”。吕蒙正以仆射身份自请外任，被授为河中府知府。太宗感叹道：“你是状元出身，朕提拔你为宰相，今日可称衣锦还乡。”并赋诗相赠：“满朝鹓鹭醉中别，万里烟霄达子归。”太宗事后对近臣说：“吕蒙正似乎无意再入朝。”此后经过三次征召，吕蒙正才再次拜相。

20. 文穆有大第在洛中，真宗祠汾时，尝驾幸止其厅。后人不敢复坐，问以栏楯，设御榻焉。即今张文孝公宅是也。（宋·吴处厚《青箱杂记》）

翻译：

吕蒙正有一处大宅在洛阳城中，宋真宗祭祀汾阴后土时，曾驾临他的厅堂。后人不敢再坐此厅，用栏杆围起来，设置了御榻。这个地方就是现在的张文孝公的宅子。

21. 予尝爱王沂公曾布衣时，以所业贽吕文穆公蒙正，卷有《早梅》句云：“雪中未问和羹事，且向百花头上开。”文穆曰：“此生次第已安排作状元宰相矣。”后皆尽然。(宋·僧文莹《湘山野录》)

翻译：

我曾欣赏王沂公（王曾）未出仕时，以所作诗文拜谒吕文穆公（吕蒙正）。诗卷中有《早梅》一句：“雪中未问和羹事，且向百花头上开。”吕蒙正读后说：“这人的人生次第已经安排好了，将来必定会成为状元和宰相。”后来果然如此。

22. 吕蒙正，字圣功，河南人也。祖梦奇，户部侍郎。父龟图，起居郎。蒙正举进士第一，为将作监丞，通判异州。初，父龟图黜其妻刘氏，并弃蒙正。刘氏誓不改适。及蒙正莅官迎二亲，同堂异室，奉养并至，时称其孝。

龟图卒，有诏起复。未几，迁翰林院学士，拜左谏议大夫、参知政事。蒙正入朝堂，有朝士指之曰："此子亦参政耶？"蒙正佯为不闻而过之。其同列不平，令诘其姓名，蒙正遽止之。罢朝，同列犹不能堪，悔不穷间。蒙正曰："若一知其姓名，则终身不能忘，固不如勿知也。"时皆服其量。为平章事。赵普开国元老，蒙正晚出，历官一纪，与普同在相位，普甚推许之。

先是卢多逊为相，其子雍起家，即授水部员外郎，后遂以为常。及是蒙正奏曰："臣忝甲科及第，释褐止授九品京秩。况天下才能老于岩穴，不能沾寸禄者多矣。今臣男始离襁褓，膺此宠命，恐罹谴责，乞以臣释褐时所授官补之。"自是止授九品京秩，因以为定制。

有朝士家藏古镜，自言能照二百里，欲因蒙正之弟来献以求知。其弟因间从容言之，蒙正笑曰：“吾之面不过尺许，安用照二百里？”其弟遂不敢复言，闻者叹服。国朝以来，三居相位，唯赵普与蒙正拜司空兼门下侍郎。咸平六年，授太师，封莱国公，改封徐，又封许。

洛中有园亭，时会亲友，环侍皆子孙，周举寿觞，释然自得。真宗谒陵寝，祠后土，过洛，两幸其第，当世荣之。真宗问蒙正曰：“卿诸子孰可用？”蒙正对曰：“诸子皆不足用。有侄夷简，宰相才也。”

蒙正客富言，一日白蒙正曰：“言有子甚幼，欲令入书院就读。”蒙正许之。蒙正见其子，惊曰：“此儿他日名位与吾相似，而动业远过吾言之。”子即弼也。蒙正知人如此。卒谥文穆。龟图弟龟祥，龟祥子蒙亨，蒙亨子即夷简也。蒙正子居简，当庆历中为提点京东刑狱。时夏竦有憾于石介，介已死，竦言于仁宗曰：“介不死，且北走矣。”乃遣中使发介棺以验。居简谓中使曰：“万一介果死，则朝廷为无故发人之墓。”中使曰：“于君何如？”居简曰："介之死，当时必有内外亲族及门生会葬，令檄问之可也。"中使从其言，令结状保证。中使入奏，仁宗察其诬，乃得不发。时人以居简为长者。居简官至龙图阁直学士。（宋·章定《名贤氏族言行类稿》）

翻译：

吕蒙正，字圣功，是河南人。祖父吕梦奇，曾担任户部侍郎。父亲吕龟图，担任起居郎。吕蒙正考中进士第一名，被任命为将作监丞、升州通判。当初，他的父亲吕龟图抛弃了他的妻子刘氏，并且也抛弃了吕蒙正。刘氏发誓不再改嫁。等到吕蒙正做官后迎接父母，父母同住一堂但分室而居，吕蒙正对他们奉养得非常周到，当时的人们都称赞他的孝行。

吕龟图去世后，皇帝下诏让他重新任职。不久，他被提拔为翰林院学士，授予左谏议大夫、参知政事。吕蒙正进入朝堂时，有位朝臣指着他说："这小子也能参与政事？"吕蒙正假装没听见就过去了。

他的同僚为此愤愤不平，让人去追问那位朝臣的姓名，吕蒙正急忙制止了他们。朝会结束后，同僚仍然愤愤不平，后悔没有彻底追究。吕蒙正说：“如果知道了他的姓名，就会终身不能忘记，还不如不知道。”当时人们都佩服他的气量。吕蒙正担任平章事。赵普是开国元老，吕蒙正后来居上，历任官职十二年，与赵普同在相位，赵普非常推崇他。

在此之前，卢多逊担任宰相时，他的儿子卢雍初次做官就被授予水部员外郎，后来这成了惯例。到这时，吕蒙正上奏说：“我当年考中进士，初次做官只是九品京官。况且天下有无数才华横溢的人隐居山林，终生未能享受一丝俸禄。如今我的儿子刚刚离开襁褓，什么都不懂，却要接受如此显赫的任命，恐怕会招致上天的谴责。只请求按照我初次做官时所授的官职，为他补授。”从此只授予九品京官，并以此成为定制。

有一位朝臣家中藏有一面古镜，自称能照二百里，想通过吕蒙正的弟弟献镜来求得赏识。他的弟弟趁机向吕蒙正提及此事，吕蒙正笑着说：“我的脸不过一尺多长，哪里用得着能照二百里的镜子？”他的弟弟于是不敢再提此事，听到此事的人都赞叹佩服。在本朝以来，三次担任宰相职位的，只有赵普和吕蒙正被授予司空兼门下侍郎。咸平六年，吕蒙正被授予太师，封为莱国公，后来又改封为徐国公，再后来又封为许国公。

洛阳中有园亭，吕蒙正时常与亲友聚会，周围侍奉的都是他的子孙，大家举杯祝寿，他悠然自得。宋真宗谒陵寝，祭祀后土，路过洛阳，两次驾临他的宅第，当时的人都认为这是极大的荣耀。真宗问吕蒙正：“你的几个儿子中谁可以任用？”吕蒙正回答说：“我的几个儿子都不足以任用。有个侄子叫吕夷简，有宰相之才。”

吕蒙正的门客富言有一天对吕蒙正说：“我有个儿子很小，想让他进入书院读书。”吕蒙正答应了。吕蒙正见到他的儿子后，惊讶地说：“这孩子将来名声地位和我相似，但事业成就会远远超过我。”这个孩子就是富弼。吕蒙正就是这样能够识人。吕蒙正去世后，谥号文穆。吕龟图的弟弟吕龟祥，吕龟祥的儿子吕蒙亨，吕蒙亨的儿子就是吕夷简。吕蒙正的儿子吕居简，在庆历年间担任提点京东刑狱。当时夏竦对石介有怨恨，石介已经去世，夏竦对宋仁宗说："石介没有死，是逃到北方了。"于是仁宗派中使打开石介的棺材来验证。吕居简对中使说："万一石介真的死了，那么朝廷就无故挖掘了别人的坟墓。"中使说："在您看来应该怎么办呢？"吕居简说："如果石介真的死了，当时一定有内外亲族和门生参加葬礼，可以下檄文询问他们。"中使听从了他的话，让他们写下保证书。中使入朝奏报，仁宗察觉到这是诬陷，于是没有挖掘石介的坟墓。当时的人们认为吕居简是位德高望重的人。吕居简官至龙图阁直学士。

23. 吕文穆蒙正少时，尝与张文定齐贤、王章惠随、钱宣靖若水、刘龙图烨同学赋于洛人郭延卿。延卿，洛中乡先生。一日，同渡水谒道士王抱一求相，有僧应门曰："师出矣。"众问僧："何为师道士？"僧曰："学术数于道士二十年矣。"众因泛问之，僧曰："吾师切戒：术未精切，慎勿为人言。君等欲知，明日复来叩师可也。"

明日，遂见之。文穆对席，张、王次之，钱又次之，刘居下座。坐定，道士抚掌太息。众问所以，道士曰："吾尝东至于海，西至流沙，南穷岭峤，北抵大漠，四走天下，求所谓贵人以验吾术，了不可得，岂意今日贵人尽在座中。"聚惊喜。徐曰："吕君得解及第，无人可奉压，不过十年作宰相，十二年出判河南府，自是出将入相三十年，富贵寿考终始。张君后三十年作相，亦皆富贵寿考终始。钱君可作执政，然无百日之久。刘君有执政之名，而无执政之实。"

语遍及诸弟子，而遗其师。郭君忿然，以为谬妄，曰："坐中有许多宰相乎？"道士色不动，徐曰："初不受馈，必欲闻之，请得徐告：后十二年，吕君出判河南府，是时君可取解。次年，虽登科，然慎不可作京官。"延卿益怒，众不安，乃散去。久之，诏下，文穆果魁多士，而延卿不预。明年，文穆廷试第一。是所谓"得解及第，无人可压"矣。

后十年作相，十二年，有留钥之命，悉如所言。延卿连蹇场屋，至是预乡荐。鹿鸣燕日，文穆命道士与席。宾散，独留二人者内阁，尽叹如平生。文穆矜叹，赋诗曰："昔作儒生谒贡闱，今为丞相出黄扉。两朝鹓鹭醉中别，万里烟霄达了归。羽客渐垂新鹤发，故人犹着旧麻衣。洛阳漫说多才子，从昔遭逢似我稀。"道士索纸札似若复章者，乃书偈曰："重日重月，荣华必别。笙歌前导，偃师着雪。"文穆心知其异，敬收之。

其后，钱二枢府，未百日罢；张、王先后登庸；刘守蒲中，朝廷议除执政，命未及下而卒；延卿以文穆极力推挽登第，未久改秩，后卒。无一差者。独赠文穆之偈，乃致仕薨于西京，以重阳日裴过偃师。是日，大寒微霰，笙歌乃敕葬卤簿鼓吹也。

（宋·王铚《默记》）

翻译：

吕蒙正，字文穆，年少时，曾与张齐贤、王随、钱若水、刘烨一同在洛阳人郭延卿处学习作赋。郭延卿是洛阳当地的乡先生。一天，他们一起渡水拜访道士王抱一求相，有个僧人应门说：“师父出去了。”众人问僧人：“向道士学什么？”僧人说：“我跟随师父学习术数已有二十年了。”众人于是广泛地询问他问题，僧人说：“我的师父一再告诫：术数尚未精通，千万不要为人占卜预测。你们如果想知道，明天再来拜见师父吧。”

第二天，他们就见到了王抱一。吕蒙正坐在正席，张齐贤、王随次之，钱若水又次之，刘烨坐在最下首。坐定后，道士抚掌叹息。众人问他原因，道士说：“我曾东到东海，西至流沙，南至岭峭，北抵大漠，走遍天下，寻找所谓的贵人来验证我的术数，却一无所获，没想到今日贵人都在座中。”大家又惊又喜。道士慢慢说道：“吕先生科举得中，无人能比，不出十年就会做宰相，十二年后出任河南府判，从此出将入相三十年，一生富贵。张先生三十年后会做宰相，也一生都享有富贵安康。钱先生可以做执政，但不会超过一百天。刘先生有执政之名，却没有执政之实。”

道士的话涉及到了各位弟子，却遗漏了他们的师父。郭延卿愤愤不平，认为道士的话荒谬虚妄，说道：“座中有这么多宰相吗？”道士面不改色，慢慢地说道：“起初我不接受馈赠，现在一定要说给你们听，请允许我慢慢告诉你们：十二年后，吕先生出任河南府判，那时你可以考中。第二年，虽然你科举及第，但千万不要做京官。”郭延卿更加恼怒，众人感到不安，于是就散去了。过了很久，诏令下达，吕蒙正果然科举夺冠，而郭延卿没有中选。第二年，吕蒙正在廷试中名列第一，这就是所说的“科举得中，无人能比”。

十年后吕蒙正做了宰相，十二年后，有留钥的任命，一切都如道士所说。郭延卿在科举中屡屡受挫，这时才通过乡试。鹿鸣宴那天，吕蒙正让道士一同赴宴。宾客散去后，内阁中只剩吕蒙正与道士二人，尽情感叹如同平生知己。吕蒙正感慨万千，赋诗道："昔作儒生谒贡闱，今为丞相出黄扉。两朝鹓鹭醉中别，万里烟霄达了归。羽客渐垂新鹤发，故人犹着旧麻衣。洛阳漫说多才子，从昔遭逢似我稀。"道士要来纸笔好像要回复他的诗，于是写了一首偈语："重日重月，荣华必别。笙歌前导，偃师着雪。"吕蒙正心中知道这道士非同寻常，恭敬地收起了偈语。

后来，钱若水在枢密院任职不到百日就被罢免；张齐贤、王随先后被任用；刘烨镇守蒲中，朝廷商议任命他为执政，任命尚未下达他就去世了；郭延卿在吕蒙正的极力推荐下才得以中第，不久改任其他官职，后来也去世了。没有一个与道士所说不符。单独赠给吕蒙正的偈语，应在了吕蒙在西京去世，重阳节路过偃师。那天，天气寒冷，飘着小雪，笙歌是敕葬卤簿的鼓吹仪仗。

吕蒙正文章诗词

祭灶诗

一碗清汤诗一篇，
灶君今日上青天；
玉皇若问人间事，
乱世文章不值钱。

解读：这首诗以幽默诙谐的笔触表达了吕蒙正对现实的不满。他通过灶君上天的典故，讽刺了当时社会对文人的轻视。诗中"乱世文章不值钱"一句，既是对自身遭遇的感慨，也是对社会风气的批判。

尹洛日作

昔作儒生谒贡闱，今为相印出黄扉。
两朝鹓鹭醉中别，万里烟霄达了归。
羽客尽垂新鹤发，故人犹着旧麻衣。
洛阳漫说多才子，从昔遭逢似我稀。

解读：这首诗反映了吕蒙正从贫寒书生到显贵宰相的转变。诗中“昔作儒生谒贡闱，今提相印出黄扉”对比了他早年的艰辛与后来的显赫，表达了对命运无常的感慨和对机遇的珍惜。

题阙里

南沂西泗绕晴霞，北岱东蒙拥翠华。

万里冠裳王者会，千年邹鲁圣人家。

高从蔽日无巢鸟，古碣埋云半吐花。

瞻望宫殿空佝偻，敢从沧海问津涯。

解读：这首诗通过对阙里（孔子的故乡）的描绘，表达了对儒家文化的尊崇和对历史的感慨。诗人通过对阙里的自然景观和文化氛围的描绘，表达了吕蒙正对儒家文化的尊崇和对历史的感慨。诗中既有对自然的赞美，也有对文化的传承和对人生的思考，展现了北宋初年文人的思想深度和艺术风格。

行经鸿沟

沟中流水已成尘，沟畔荒凉起暮云。
大抵关河须一统，可能天地更平分。
烟横绿野山空在，树倚高原日渐曛。
方凭征鞍思往事，数声风笛马前闻。

解读：这首诗通过描写鸿沟的荒凉景象，表达了吕蒙正对国家统一的渴望。诗中“大抵关河须一统”一句，反映了他对北宋初年政治局势的关注，以及对国家安定的期盼。

读书龙门山土室作

八滩风急浪花飞，手把渔竿傍钓矶。

自是钓头香饵别，此心终待得鱼归。

解读：这首诗通过垂钓的场景，巧妙地将读书比喻为垂钓，展现了诗人对知识的追求和对人生目标的执着。他用简洁而生动的语言，描绘了垂钓的景象，表达了对于学习的专注和投入。通过比喻的手法，诗人传达了一种积极向上的心态和对于知识的渴望。

登岳阳楼

百尺危楼倚杳冥，凭栏回首不胜情。
风吹楚水光摇汉，浪飐君山翠入城。
远岫雨余群树冷，晓江风定片帆轻。
正嗟飘荡无归著，日暮桥边一笛声。

解读：这首诗通过描绘洞庭湖的壮丽景色，展现了诗人对自然的敬畏和对人生的感慨。诗中既有对美景的赞叹，也有对漂泊无依的无奈和对归宿的渴望。吕蒙正以细腻的笔触和深刻的情感，将自然景观与人生哲理巧妙地融合在一起，使这首诗具有很高的艺术价值和思想深度。

岳阳楼望洞庭

八月寒涛溅碧空，片帆悠飏信秋风。
探珠直待骊龙睡，莫遣迷津浩渺中。

解读：这首诗描绘了诗人登上岳阳楼眺望洞庭湖的景象，表达了诗人对壮丽景色的赞美和对人生旅途的感慨。“探珠直待骊龙睡”表达诗人对机遇的渴求。“莫遣迷津浩渺中”诗人告诫自己要在人生旅途中保持清醒。

题龙门

思山乘兴看山回，乌帽纶巾入帝台。
门吏不须询姓氏，也曾三到凤池来。

解读：这首诗通过描绘吕蒙正游览龙门的场景，展现了他对自然美景的欣赏和对自身政治成就的自信。诗中既有对自然景观的赞美，也有对个人政治生涯的回顾和总结。“门吏不须询姓氏，也曾三到凤池来。”表明吕蒙正已经多次进入凤池，也就是皇宫，参与朝政决策。这进一步强调了他在朝中的地位和影响力，以及他在政治上的成就和自信。吕蒙正以简洁而生动的语言，传达了一种积极向上的心态和对未来的期许。

访谒不遇

十谒朱门九不开，满身风雪却回来。

归家羞睹妻儿面，拨尽寒炉一夜灰。

解读：这首诗通过描绘吕蒙正早年贫困和求仕艰难的情景，展现了他对人生困境的深刻感悟。诗中既有对个人遭遇的描述，也有对社会现实的反映，表达了诗人对门第观念的不满和对人生无常的感慨。

鸱吻

兽头元是一团泥，做尽辛勤人不知。
如今抬在青云里，忘却当初窘内时。

解读：这首诗通过兽头的比喻，展现了诗人对人生无常和功名利禄的淡泊态度。诗中既有对成功者的描绘，也有对社会现象的批判，表达了诗人对人性弱点的深刻洞察。

残句（一）

挑尽寒灯梦不成。

残句（二）

怪得池塘春水满，夜来风雨起南山。

《寒窑赋》的来源考证与价值意义

《寒窑赋》以其通俗易懂的语言与极高的传播度，成为一篇备受争议的经典之作。然而，关于其作者是否为北宋名相吕蒙正，学术界和民间一直存在争议。

吕蒙正（944—1011年），北宋名相，曾任太子太师，辅佐宋太宗和宋真宗两朝。据传，《寒窑赋》是吕蒙正为了劝诫太子（后来的宋真宗）而作。这一说法颇值得怀疑。该说法的来源是吕蒙正曾任太子太师这一职位，但是太子太师在宋代往往有虚名而无实职，多为死后追赠。

质疑《寒窑赋》并非吕蒙正所作的主要依据大致有两点：首先是《寒窑赋》的流传版本颇多，《寒窑赋》在明清时期才广泛流传，且有多个版本，内容和名称也有所变化。《寒窑赋》最早见于吕蒙正子孙记录的《贫贱赋》，但并未被收录于吕蒙正文集。明清时期，该文被改写为《吕蒙正劝世文》。在数百年的流传过程中，《寒窑赋》不断被修改和扩写，出现了多个版本，如《破窑赋》《劝世章》等。这些版本在内容和名称上逐渐偏离原文，使得其出处更加难以考证。

二是《寒窑赋》的语言颇为通俗，带有民间口语的色彩，与吕蒙正作为状元的身份和文风不符。《寒窑赋》虽名为赋，但不符合赋体的特征。赋体铺张扬厉，以铺陈和夸张为主要表现手法，通过详尽的描写和渲染，展现事物的丰富细节和宏大场景。语言上注重对仗和韵律，追求形式上的美感，修辞手法上常通过象征和寓意表达思想，具有较强的思想性和哲理性。

但是我们也应该注意到吕蒙正的生平经历与文章内容契合。吕蒙正出身贫寒，早年曾在窑洞中生活，后来通过努力成为北宋名相。《寒窑赋》中描述了从贫苦到富贵的转变，这与吕蒙正的个人经历高度契合。文章通过对比历史人物的命运，强调了命运的无常和自然循环的思想，这也与吕蒙正的人生哲学相符。吕蒙正留下的诗词中，多次表达这一哲学观点。

虽然《寒窑赋》的作者、来源存在质疑，但其思想价值不容忽视。无论其是否为吕蒙正所作，这篇文章都以其达观知命的思想、通俗易懂的语言成为经典之作。在现代社会，它依然能够为人们提供面对人生起伏的智慧和启示。

《寒窑赋》版本二

（民间流传）

天地有常用，日月有常明，四时有常序，鬼神有常灵。天有宝，日月星辰。地有宝，五谷金银。家有宝，孝子贤孙。国有宝，正直忠良。合天道，则天府鉴临。合地道，则地府消愆。合人道，则民用和睦。三道既合，祸去福来。天地和，则万物生。地道和，则万物兴。父子和，而家有济。夫妇和，而义不分。

翻译：

天地有恒常的规律，日月有恒常的光明，四季有恒常的顺序，鬼神有恒常的灵验。天宝贵的是日月星辰，地宝贵的是五谷和金银，家宝贵的是孝顺的子女和贤良的子孙，国宝贵的是正直、忠诚和贤良的人才。符合天道，天神就会明察庇护；符合地道，地神就会消除罪过；符合人道，百姓就会和睦相处。天道、地道、人道三者和谐一致，灾祸就会离去，福气就会到来。天地和谐，万物就能生长；地利和谐，万物就能兴旺；父子和谐，家庭就能安宁；夫妇和谐，道义就不会分离。

时势不可尽倚，贫穷不可尽欺，世事翻来覆去，须当周而复始。

余者，居洛阳之时，朝投僧寺，夜宿破窑。布衣不能遮其体，饘粥不能充其饥。上人嫌，下人憎，皆言余之贱也，余曰：非贱也，乃时也，运也，命也。余后登高及第，入中书，官至极品，位列三公，思衣则有绮罗千箱，思食则有百味珍馐，有挞百僚之杖，有斩佞臣之剑，出则壮士执鞭，入则佳人扶袂，廪有余粟，库有余财，人皆言余之贵也，余曰：非贵也，乃时也，运也，命也。

翻译：

时势不能完全依赖，贫穷也不可随意欺侮。世事总是变化无常，循环往复。

我曾经住在洛阳时，白天投宿寺庙，夜晚住在破窑中。粗布衣服不能遮体，稀粥不能充饥。上等人嫌弃我，下等人憎恶我，都说我卑贱。我说：这不是卑贱，而是时运和命运罢了。

后来我考中科举，进入中书省，做到最高官位，位列三公。想要穿的有绫罗绸缎千箱，想要吃的有百种美味佳肴。手中有杖责百官的权力、有斩杀奸臣的宝剑。出门有壮士执鞭，入门有佳人扶袖。粮仓有余粮，府库有余财。人们都说我显贵。我说：这不是显贵，而是时运和命运罢了。

蛟龙未遇，暂居云雾之间。君子失时，屈守小人之下。命运未通，被愚人之轻弃。时运未到，被小人之欺凌。初贫君子，自怨骨格风流。乍富小人，不脱俗人体态。生平结交惟结心，莫论富贵贫贱。深得千金，而不为贵，得人一语，而胜千金。吾皆悼追无恨人，富贵须当长保守。

翻译：

蛟龙未逢机遇，暂且蛰伏云雾之间；君子若失其时，屈身暂居小人之下。命运未通时，常被愚人轻贱；时运未至时，难免遭小人欺凌。贫士初困，自叹风流骨格；暴富小人，难脱鄙俗形骸。平生结交但求以心相契，莫论贵贱贫富。千金在手未必为贵，片语入耳胜过千金。我当追慕无憾之人，富贵既得当思恒守。

苏秦未遇，归家时，父母憎，兄弟恶，嫂不下玑，妻不愿炊，然衣锦归故里，马壮人强，萤光彩布，兄弟含笑出户迎，妻嫂下阶倾已顾，苏秦本是旧苏秦，昔日何陈今何亲。自家骨肉尚如此，何况区区陌路人，抑犹未也。

翻译：

苏秦未遇时，回到家中，父母厌恶他，兄弟嫌弃他，嫂嫂不下织机，妻子不愿做饭。然而当他衣锦还乡，马壮人强，光彩照人时，兄弟含笑出门迎接，妻子和嫂嫂下阶殷勤相顾。苏秦依然是过去的苏秦，只是时运不同，往昔何等冷漠，如今何等亲近。自家骨肉尚且如此，何况是陌路之人呢？这还不是最终的情况。

文章冠世，孔子尚厄于陈邦。武略超群，太公曾钓于渭水。颜回命短，岂是凶暴之徒。盗跖年长，自非贤良之辈。帝尧天圣，却养不肖之男。瞽叟顽嚣，反生大孝之子。甘罗十二为宰相，买臣五十作公卿。晏婴身长五尺，封为齐国宰相。韩信力无缚鸡，立为汉朝贤臣，未遇之时，口无一日瓮飧，及至兴通，身受齐王将印，吓燕取赵，统百万雄兵，一旦时休，卒于阴人之毒手。李广有射虎之威，到老无封。冯唐有安邦之志，一世无遇。

翻译：

文章冠世的孔子，尚且在陈国遭遇困境；武略超群的姜子牙，也曾在渭水垂钓。颜回命短，但并非凶恶之徒；盗跖活得长久，却不是善良之辈。帝尧虽为天圣，却生下不肖的儿子；瞽叟顽嚣，反而生出大孝的子女。甘罗十二岁就成为宰相，朱买臣五十岁才得以封为公卿。晏婴身高不足五尺，却被封为齐国的宰相。韩信虽无缚鸡之力，却能成为汉朝的贤臣。他在未遇之时，连一日三餐都难以保障，等到时来运转，身受齐王将印，统领百万雄兵，威震燕赵。然而，一旦时运不济，最终却死于阴人之手。李广有射虎之威，却到老也未能封侯；冯唐有安邦之志，却一生都未得到重用。

上古圣贤，不掌阴阳之数。今日儒士，岂离否泰之中。腰金衣紫，都生贫贱之家。草履毛鞋，都是富豪之裔。有贫贱，而后有富贵。有小壮，而后有老衰。人能学积善，家有余庆。青春美女，反招愚独之夫。俊秀才郎，竟配丑貌之妇。五男二女，老来一身全无。万贯千金，死后离乡别井。才疏学浅，少年及第登科。满腹文章，到老终身不第。或富贵，或贫贱，皆由命理注定。

翻译：

古代的圣贤，尚且不能掌握命运的规律；如今的儒士，又怎能脱离否泰的循环？腰间挂金、身穿紫袍的显贵，往往出身贫寒之家；脚穿草鞋的寒士，却可能是富豪的后代。

贫贱之后才有富贵，强壮之后才有衰老。人若能积累善行，家中自有福泽绵延。

青春貌美的女子，反而嫁给愚钝孤独的丈夫；长相俊美的才子，却常娶容貌丑陋的妻子。兄弟众多、子女成群，到老却可能孤身一人；家财万贯，死后却可能背井离乡。

才疏学浅之人，少年时却能及第登科；满腹经纶之士，到老却可能终身不第。

或富贵，或贫贱，都由命运注定。

若天不得时，则日月无光。地不得时，则草木不生。水不得时，则波浪不静。人不得时，则命运不通。若无根本八字，岂能为卿为相。一生皆由命，半点不由人。

蜈蚣多足，不及蛇灵。雄鸡有翼，飞不及鸦。马有千里之驰，非人不能自往。人有千般巧计，无运不能自达。

吾敬为此劝世文也。

翻译：

如果天不得时，日月就会失去光辉；地不得时，草木就无法生长；水不得时，波浪就无法平静；人不得时，命运就无法通达。若命里没有显贵之相，怎能成为公卿宰相？人的一生皆由命运决定，半点不由自主。

蜈蚣虽有许多脚，却不如蛇灵巧；雄鸡虽有翅膀，却飞不过乌鸦。马虽能日行千里，但若无人驾驭，也不能自行前往；人虽有千般计策，但若时运不济，也无法施展。

我写下这篇劝世文，以此劝诫世人。